AF370130

L'Harmonie pour tous

TRAITÉ

des différents accords

Contenus dans la musique

PAR

E. CLERAMBAULT

Prix :

DÉPOT

Chez Monsieur **BELOUET** 32, Rue de Provence.

et à l'Institut **RUDY**, 7, Rue Royale.

et chez l'Auteur, 8, Rue Nollet.

Imp. Joly. Paris

1891

L' HARMONIE POUR TOUS.

Ce petit traité d'harmonie pratique au piano s'adresse aux personnes du monde qui veulent consacrer peu de temps à l'étude de cette science et qui cependant désirent connaitre tous les accords, leurs renversements, leurs différentes modifications.

Il peut être également utile aux élèves qui veulent en faire une étude complète nous pensons que connaissant déjà tous les accords, les ayant joués au piano ou chantés l'étude des grands traités d'harmonie comprenant la basse chiffrée et les devoirs écrits sera beaucoup plus facile pour eux et aussi plus fructueuse.

Nous nous adressons a des personnes connaissant déja le solfège et étant suffisamment pianistes pour interpréter tous les accords contenus dans ce petit volume ce qui est du reste facile.

Si l'élève peut transposer les exemples et leçons dans tous les tons majeurs et mineurs il connaitra parfaitement les accords, leur mécanisme, et leur enchainement quand il aura terminé la lecture de ce traité élémentaire.

L' HARMONIE POUR TOUS.

L' harmonie moderne telle qu'elle est combinée de nos jours est basée sur la gamme et ses notes fondamentales qui sont : la tonique, la dominante, et la sous-dominante, autrement dit : la première, la cinquième et la quatrième note de la gamme.

On appelle notes tonales ou fondamentales celles sur lesquelles sont placés les trois accords qui servent de base à l'harmonie.

On appelle ces accords *parfaits*, ils sont composés de deux consonnances : la tierce et la quinte, dans l'accord parfait majeur, la tierce est majeure et la quinte juste.

GAMME MAJEURE AVEC LE NOM DE CHAQUE DEGRÉ, LES NOTES TONALES, LES NOTES MODALES ET LEURS ACCORDS PARFAITS.

(Les accords parfaits sur la tonique et la dominante étant les deux plus importants celui de la sous-dominante ne vient que le troisième.)

accord parfait majeur sur la tonique. 3ce majeure, 5te juste.			Accord parfait majeur sur la sous-dominante.	Accord parfait majeur sur la dominante.			
1er Accord fondamental.	Accord parfait mixte.		3e Acc. Fondamental	2e Acc. Fondamental.		Accord de quinte diminuée.	
Note fondamentale.		Note modale.	Note fondamentale. et attractive à mi oblige descendant.	Note fondamentale.	Note modale.	Note attractive ou à mouvement obligé. ascendant.	
Tonique.	Sus Tonique.	Médiante.	Sous dominante.	Dominante.	Sus dominante.	Sensible.	Octave.

Outre les trois notes fondamentales il y a dans la gamme deux notes appelées modales, comme nous le voyons dans l'exemple précédent. Ce sont elles qui déterminent le mode majeur ou mineur suivant qu'elles forment un intervalle majeur ou mineur avec la tonique. Ces notes sont la médiante et la sus-dominante autrement dit la tierce et la sixte de la gamme.

GAMME MINEURE AVEC LE NOM DE CHAQUE DEGRÉ, LES NOTES TONALES, LES NOTES MODALES ET LEURS ACCORDS PARFAITS.

Tonique	Sus Tonique	Médiante	Sous dominante.	Dominante.	Sus Domin.te	Sensible.	Octave.
Accord parfait majeur sur la tonique 3ce min. 5te juste.	3ce mineure 5te diminuée		Acc: parfait mineur sur la sous domin: 3ce min: 5te juste.	Le même que dans la gamme majeure.		Même remarque pr l'ordre des accords parfaits	
1er Accord Fondamental — Note fondamentale.	Accord de 5te diminuée du 2e degré	Note modale.	3e Acc: Fondam.al — Note fondamentale.	2e Acc: Fondam.al — Note fondamentale.	Note modale.	Accord de 5te diminuée note à Mt obligé ascendant.	

L'accord parfait sur la dominante ne contenant pas de note modale est le même dans les deux gammes.

La gamme est composée des notes données par les accords parfaits des trois notes fondamentales. En portant un octave plus bas le ré quinte de l'accord parfait sur la dominante indiqué par ce signe ×, on verra que ces trois accords donnent exactement les notes formant la gamme d'une octave.

Exemple:

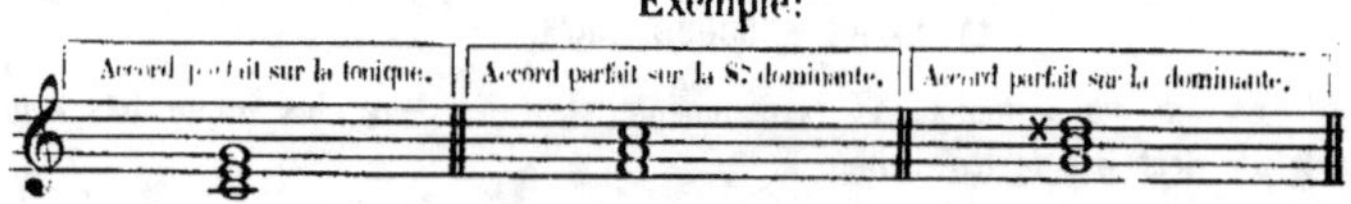

Dans l'exemple suivant les notes indiquées par un T sont celles appartenant à l'accord parfait de la *tonique*. Celles indiquées par SD appartiennent à l'accord parfait de la *sous-dominante* et celles indiquées par un D appartiennent à l'accord parfait de la *dominante*. On verra que la dominante fait partie de deux accords. Elle est le *cinquième degré* de l'accord parfait sur la *tonique*.

Dans le mode mineur ou la gamme mineure les observations sont les mêmes.

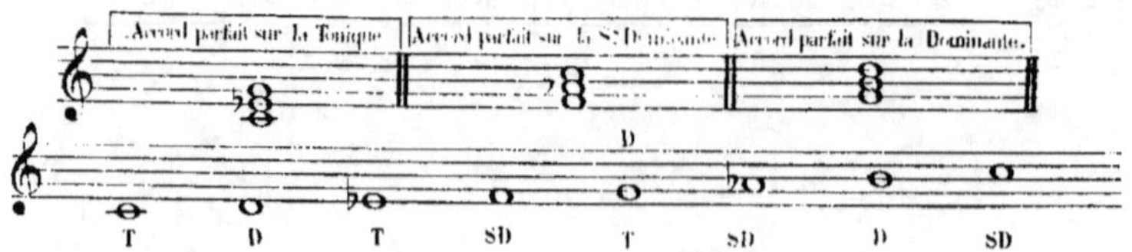

L' Élève sera peut etre surpris tout d'abord que nous n'ayons pas pris comme comparaison la gamme relative de *la mineur* mais nous pensons que le ton mineur pris sur la même note, fera comprendre plus vite et plus facilement les accords étant composés des mêmes notes et ne variant que par les deux notes *modales*. Nous prendrons donc toujours comme exemple les tons de *Do majeur* et *Do mineur*.

La gamme d'une octave donne sept degrés ou sept notes : do, ré, mi, fa, sol, la, si un huitième degré est fourni par l'octave ou répétition de la tonique une octave plus haut. En divisant ces degrés par tierces au lieu de les faire suivre par degrés conjoints comme dans la gamme on obtient une série de deux octaves quatre notes dans chaque. La premiere contient les notes : do, mi, sol, si, et la seconde : ré, fa, la, do. Dans l'exemple suivant, les chiffres placés au dessous des notes indiquent chaque degré tel qu'il est placé dans la gamme.

GAMME MAJEURE.

Cette série de deux octaves divisée par tierces et produite par les notes de la gamme contient tous les accords de l'harmonie. Les notes d'un accord fondamen tal sont toujours comme dans cet exemple placées à distance de tierces. Lorsqu'un accord contient un autre intervalle il n'est plus à l'état fondamental mais c'est un de ses renversements Exemple :

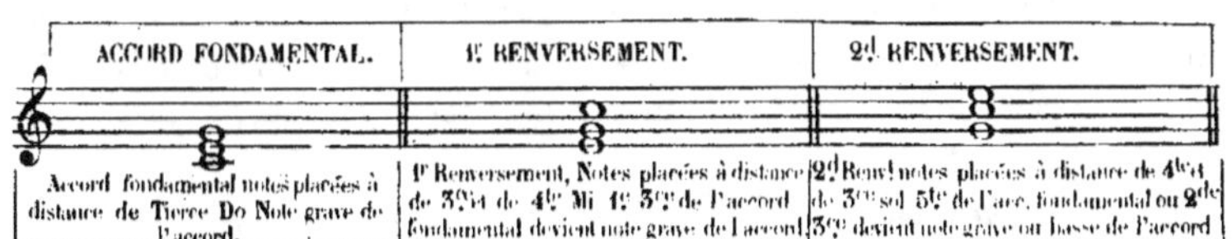

Nous n'expliquerons pas ce qu'on entend par renverser un intervalle, l'élève qui étudie ce traité doit le savoir, nous dirons seulement que renverser un accord est comme pour l'intervalle porter la note grave une octave plus haut. Seulement là est la différence que l'intervalle ne contenant que deux notes la note aigüe devient par le renversement la note grave. Comme nous le fait voir le dernier exemple dans l'accord qui contient trois et quatre notes ce n'est pas la note aiguë qui devient grave mais la première tierce de l'accord pour le premier renversement la seconde tierce ou quinte de l'accord fondamental pour le second renversement et dans l'accord qui contient quatre notes, la treisième tierce pour le troisième renversement.
Le renversement procédant comme l'accord fondamental toujours par intervalle de tierce.

Les observations étant les mêmes dans le mode mineur nous n'avons rien à ajouter aux exemples suivants.

Exemple mode mineur:

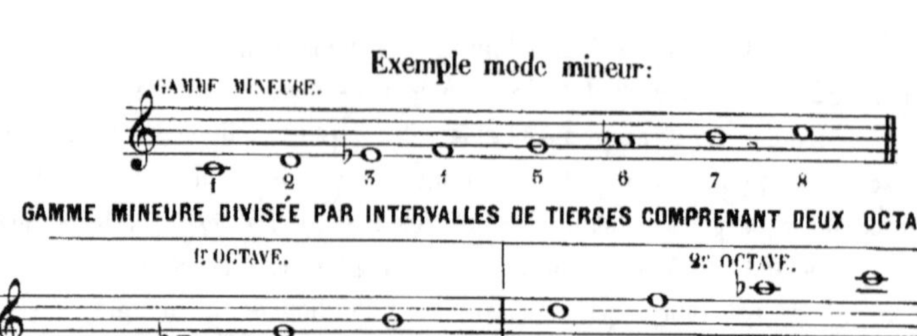

ACCORD PARFAIT SUR LA TONIQUE MODE MINEUR.

Exemple:

ACCORD FONDAMENTAL..	1er RENVERSEMENT.	2d RENVERSEMENT.
Notes placées à distance de 3ce Do note grave de l'accord.	Notes placées à distance de 3ce et de 4te Mi première tierce de l'accord, devient note grave.	Notes placées à distance de 4te et 3ce Sol 5te de l'acc devient note grave.

PREMIER ACCORD FONDAMENTAL.

ACCORD PARFAIT SUR LA TONIQUE.

On appelle un accord au repos celui qu'on entend seul sans l'enchaîner à un autre accord.

ACCORD PARFAIT MAJEUR AU REPOS.

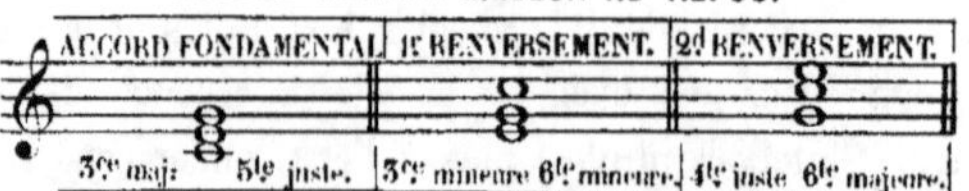

Pour écrire à quatre parties un accord parfait composé de trois notes, il faut doubler une des notes de l'accord. On entend par doubler une note, l'écrire ou la faire entendre deux fois, on peut doubler soit l'une ou l'autre note de l'accord.

Quand on a pour basse la tonique, l'accord est à l'état fondamental quelque soit la position des autres notes.

Exemple: ACCORD FONDAMENTAL.

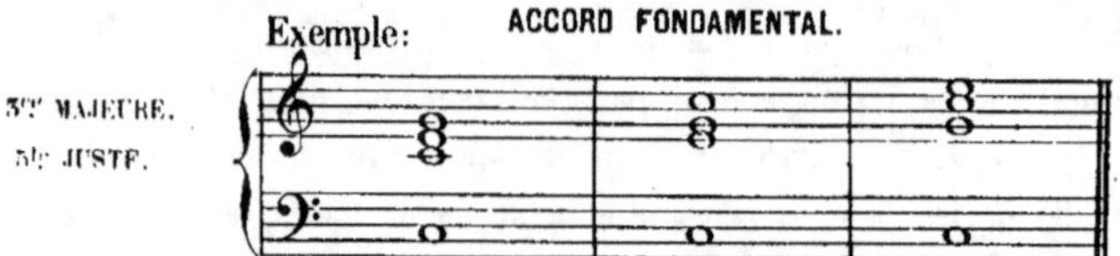

PREMIER RENVERSEMENT AVEC LA TIERCE DE L'ACCORD A LA BASSE.

SECOND RENVERSEMENT AVEC LA QUINTE DE L'ACCORD A LA BASSE.

Voici la meilleure position de l'accord avec le premier renversement à la main droite, la tonique à la basse, ce qui met l'accord à
l'état fondamental et donne cependant la facilité de doubler la tonique
au chant c'est à dire à la note qui fait la première partie.

Nous engageons les Élèves à transposer ces accords dans tous les tons majeurs
et à continuer ce même travail de transposition pour tous ceux qui suivront. L'Élève
doit savoir qu'on ne peut transposer de majeur en mineur ni de mineur en majeur
les deux notes modales empêchant les accords d'être composées des memes intervalles dans les deux modes.

PREMIER ACCORD FONDAMENTAL.
mode mineur.

ACCORD PARFAIT SUR LA TONIQUE AU REPOS.

Accord Fondamental.	1er Renversement.	2d Renversement.
3ce mineure 5te juste.	3ce maj. 6te majeure.	4te juste 6te mineure.

Accord parfait mineur à quatre parties en doublant une des notes de l'accord.

Exemple:

ACCORD FONDAMENTAL LA TONIQUE A LA BASSE.

3ce MINEURE.
5te JUSTE.

PREMIER RENVERSEMENT AVEC LA TIERCE DE L'ACCORD A LA BASSE

3ce MAJEURE.
6te MAJEURE.

SECOND RENVERSEMENT AVEC LA QUINTE A LA BASSE.

4te JUSTE.
6te MINEURE.

Meilleure position de l'accord en doublant la tonique au chant ou
première partie.

Il faut aussi transposer ces accords dans tous les tons mineurs et continuer ce même travail de transposition pour tous ceux qui suivront.

SECOND ACCORD FONDAMENTAL

ACCORD PARFAIT SUR LA DOMINANTE.

Accord parfait sur la dominante à quatre parties en doublant une des notes de l'accord.

ACCORD FONDAMENTAL, LA TONIQUE A LA BASSE.

PREMIER RENVERSEMENT AVEC LA TIERCE DE L'ACCORD A LA BASSE.

SECOND RENVERSEMENT AVEC LA QUINTE DE L'ACCORD A LA BASSE.

Cet accord ne contenant pas une des deux notes modales est commun ou semblable dans les deux modes.

On verra dans la page suivante que cet accord fait sa résolution sur l'accord parfait majeur ou mineur de la tonique.

On appelle résoudre un accord l'enchainer a un autre en observant différentes règles que nous expliquerons au fur et à mesure qu'elles se présenteront.

Dans celui-ci il suffit de faire entendre dans la même partie la note commune aux deux accords ou celle qui fait partie de ces deux accords nous l'indiquerons par une liaison mais il faudra la répéter comme si elle n'était pas liée.

ACCORDS EN MOUVEMENTS.

On appelle accords en mouvement faire entendre plusieurs accords les uns après les autres ou les enchainer.

Avec l'enchainement des deux accords parfaits sur la tonique et sur la dominante on peut déjà obtenir ou un repos sur la dominante ou une cadence parfaite.

Les cadences sont à la musique ce que la ponctuation est au discours. Il en est qui ne sont que des repos momentanés, celles-là séparent seulement les differentes phrases ou périodes d'un morceau de musique. De ce nombre est le repos a la dominante. On donne ce nom lorsque la basse va de la tonique a la dominante en harmonisant ces notes avec les deux accords parfaits ce qui n'est pas complétement une cadence mais un repos. De là ce nom de repos à la dominante puisque c'est sur la dominante que la phrase s'arrête ce qui n'est pas concluant et indique bien que la phrase doit continuer et que le repos est momentané.

Exemples:

REPOS A LA DOMINANTE.

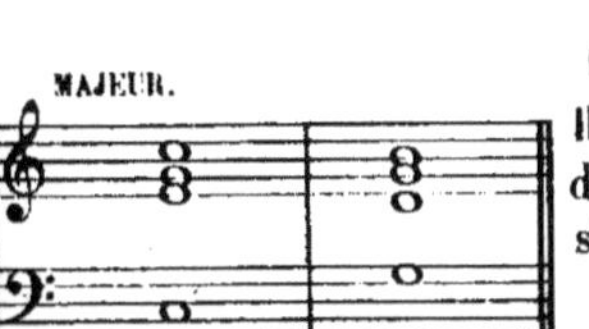

Il peut se faire aussi dans les deux autres positions.

CADENCE PARFAITE.

Quand au contraire c'est l'accord parfait sur la dominante qu'on entend le premier et qu'on le fait suivre de celui de la tonique, le sens est complet, l'oreille est satisfaite et reconnait que le morceau de musique est entièrement terminé de là le nom de cadence parfaite.

(Exemples de cadence parfaite)

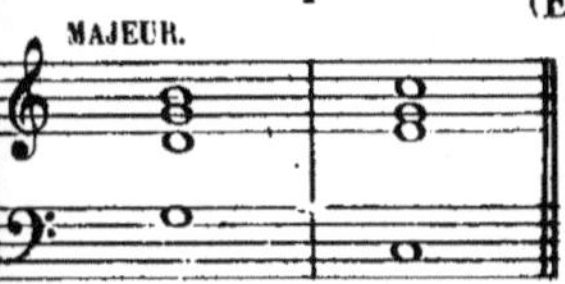

Cette cadence peut se faire dans les deux autres positions de l'accord.

Nous avons pris comme exemple la meilleure position de l'accord elle est la seule bonne pour la cadence parfaite.

(Voir les leçons pages 14 et 15)

TROISIÈME ACCORD. FONDAMENTAL.

ACCORD PARFAIT SUR LA SOUS DOMINANTE

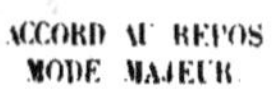

Accord parfait sur la sous-dominante a quatre parties en doublant une des deux notes de l'accord.

ACCORD FONDAMENTAL LA TONIQUE A LA BASSE.

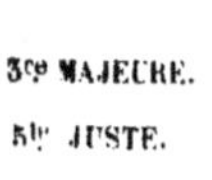

En combinant cet accord avec les deux précédents on obtient une cadence parfaite plus variée et plus agréable a l'oreille.

On peut faire cette cadence sans répéter l'accord parfait sur la tonique indiqué par ce signe ×

TROISIÈME ACCORD FONDAMENTAL.

ACCORD PARFAIT SUR LA SOUS-DOMINANTE

Accord parfait sur la sous-dominante à quatre parties en doublant une des notes de l'accord.

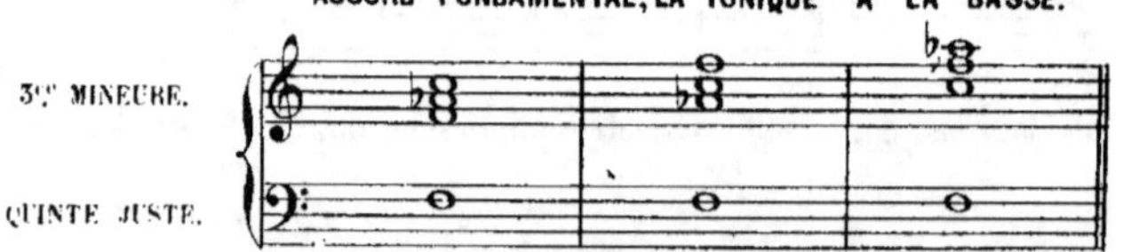

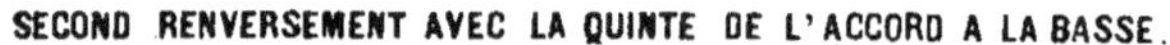

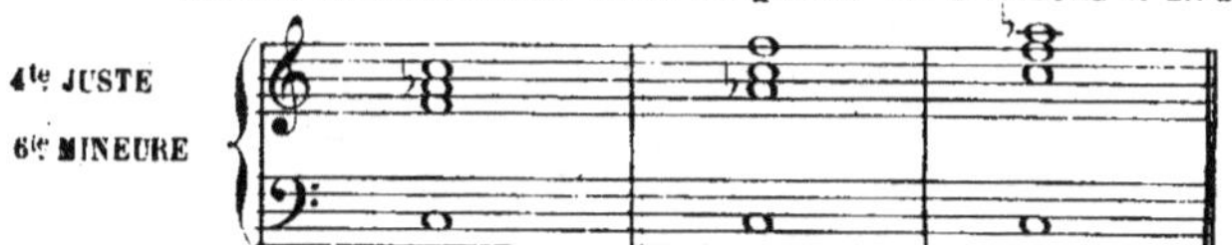

En combinant cet accord avec les deux précédents on obtient une cadence parfaite plus variée et plus agréable à l'oreille.

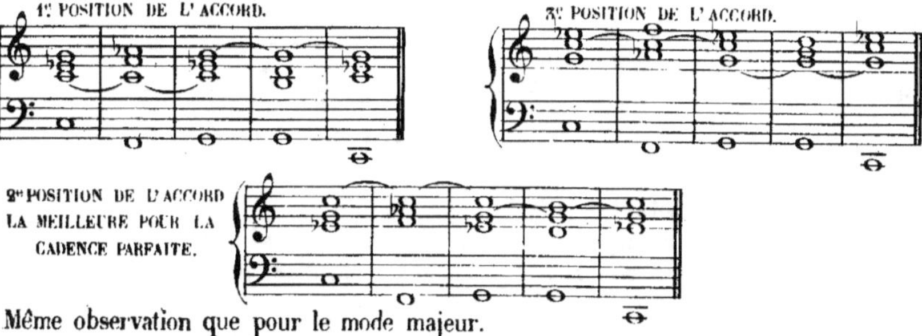

Même observation que pour le mode majeur.

CADENCE PLAGALE.

On appelle cadence plagale l'enchaînement de l'accord parfait de la sous dominante à l'accord parfait de la tonique.

Cette cadence s'emploie quelquefois pour terminer une phrase musicale, mais moins fréquemment que la cadence parfaite qui est bien plus concluante et satisfait plus l'oreille.

Le contraire de la cadence plagale c'est-à-dire le mouvement de la base allant de la tonique à la sous- dominante s'appelle repos à la sous- dominante, il est peu usité nous n'en donnerons pas d'exemple.

Il est aussi une autre cadence que nous expliquerons également sans en donner l'exemple. Il suffit de savoir que lorsque la basse va de la dominante à la médiante enharmonisant la dominante avec l'accord parfait et la médiante avec le premier renversement de l'accord parfait de la tonique cela forme une cadence que l'on appelle interrompue ou évitée. Elle ne s'emploie que dans le courant d'un morceau entre deux phrases, quelquefois aussi avant la cadence parfaite.

On peut également le faire ainsi.

CADENCE PLAGALE, MODE MINEUR.

mêmes remarques que pour le mode majeur

(Voir les leçons, page 15 et 16)

ACCORD DE QUINTE DIMINUÉE.

Cet accord tout en étant un accord parfait et pouvant se classer comme tel est cependant le premier accord dissonnant parce qu'il contient la dissonance de quinte diminuée et se place sur la note sensible. Ne contenant pas de notes modales il est commun au deux modes.

Cet accord contient deux notes à mouvement obligé, la note sensible qui doit monter à la tonique et la quinte ou sous-dominante qui doit descendre d'un demi-ton pour le mode majeur et d'un ton pour le mode mineur. _ Il est défendu en harmonie de faire entendre deux octaves et surtout deux quintes de suite. En observant pas les deux notes à mouvement obligé dans l'accord de quinte-diminuée non seulement l'effet est désagréable à l'oreille, mais il en résulterait deux quintes ce qui serait une faute.

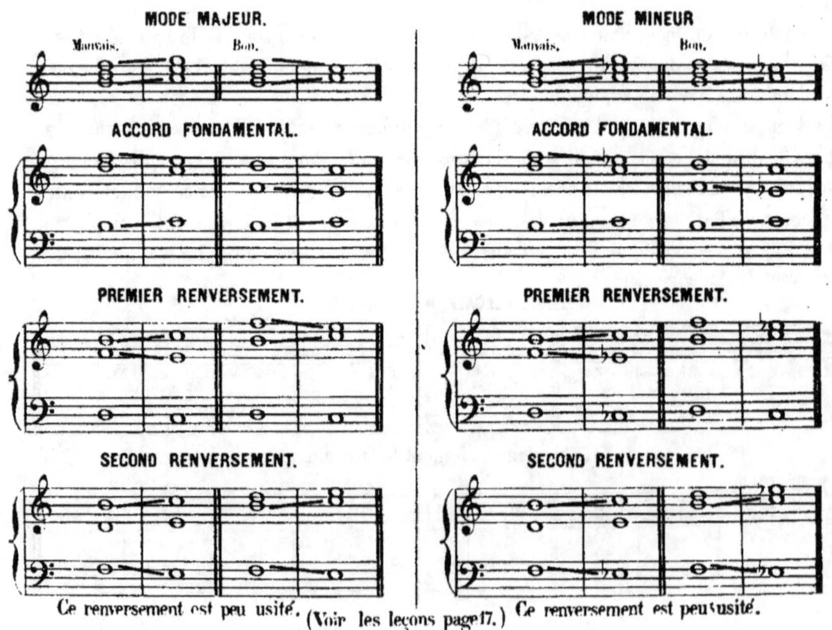

Ce renversement est peu usité. (Voir les leçons page 17.) Ce renversement est peu usité.

ACCORD PARFAIT SUR LE SECOND DEGRÉ de la GAMME

Chaque note de la gamme peut s'harmoniser avec un accord parfait. Nous avons vu les quatre principales notes. Il reste encore un accord sur le second degré de la gamme, dans le mode majeur il se compose de 3ce mineure 5te juste et dans le mode mineur d'une 3ce mineure et 5te diminuée. Il y a donc dans le mode ou dans la gamme mineure, deux accords de 5te diminuée.

ACCORD AU REPOS, MODE MAJEUR.

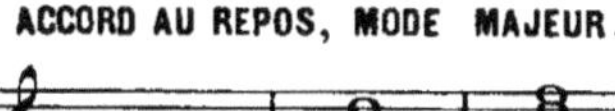

ACCORD AU REPOS, MODE MINEUR.

ACCORD FONDAMENTAL
A QUATRE PARTIES, LA TONIQUE A LA BASSE

MODE MAJEUR.

MODE MINEUR.

PREMIER RENVERSEMENT AVEC LA TIERCE DE L'ACCORD A LA BASSE

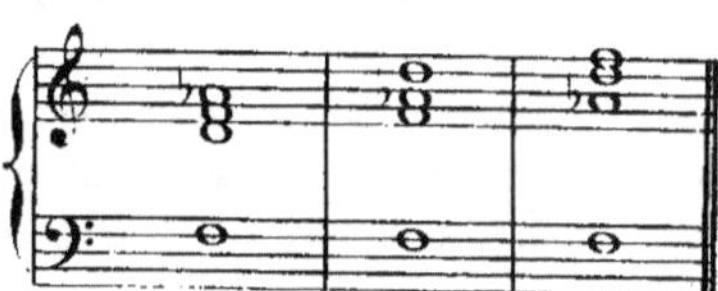

SECOND RENVERSEMENT AVEC LA QUINTE DE L'ACCORD A LA BASSE.

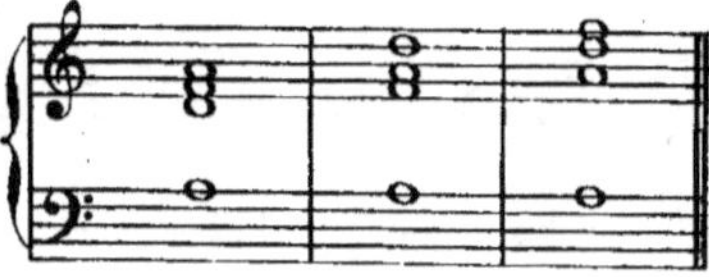

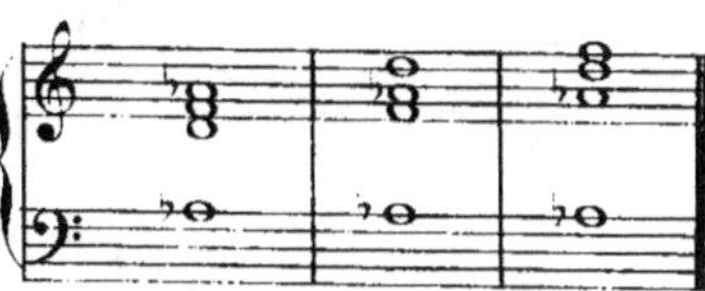

CADENCE PARFAITE AVEC L'EMPLOI DE CET ACCORD.

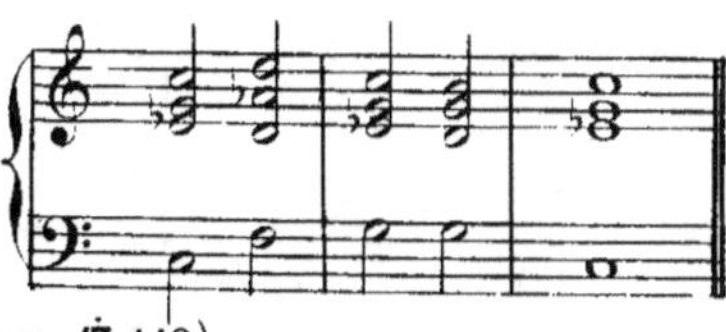

(Voir les leçons pages 17 et 18)

Le troisième et le sixième degré de la gamme ou les deux notes modales s'harmonisent avec le premier renversement de l'accord parfait sur la tonique et avec le premier renversement de l'accord parfait sur la sous-dominante, mais rarement avec l'accord parfait qui lui est propre ce qui formerait avec les autres accords de la gamme une suite de quintes dissonnantes à l'oreille, complétement défendues d'après les lois de l'harmonie et donnerait un faux sentiment de la tonalité.

MODE MAJEUR.   Exemple:

MODE MINEUR.

Cet accompagnement de la gamme est très imparfait on voit qu'arrivé à l'accord de quinte diminuée il faut mettre l'accord à trois parties. Il est inutile de le transposer dans tous les tons. Pour bien harmoniser la gamme il faut l'emploi des accords dissonnants La gamme descendante exigeant une modulation, nous en reparlerons plustard après avoir étudié les accords dissonnants et les modulations dans mon traité de la modulation

Nous verrons dans les exemples suivants que tous les accords parfaits que nous venons d'expliquer dans cette première partie sont contenus dans la série de deux octaves divisée par tierces dont nous avons parlé au début de cet ouvrage.

Cet exemple nous montre qu'à partir de la dominante les accords parfaits se succèdent en suivant la marche ascendante par tierces exactement comme la série des deux octaves divisés par tierces.

De même pour le mode mineur.

DES MOUVEMENTS

Il y a en harmonie trois mouvements: le mouvement droit, le mouvement oblique et le mouvement contraire.

Le mouvement droit a lieu lorsque les notes de deux accords suivent toutes ensemble le mouvement ascendant ou descendant.

Exemples:

 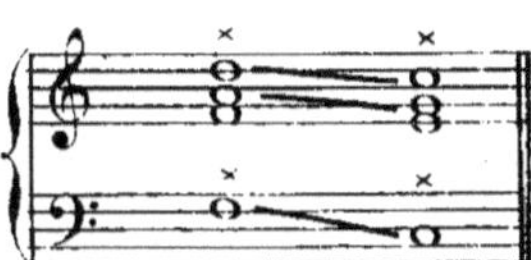

Ce mouvement est le moins bon, il est peu agréable à l'oreille et ne permet pas aussi facilement d'éviter les quintes et les octaves. Aussi l'exemple précédent contient ce qu'on appelle une quinte et une octave cachée l'une des voix doit chanter la, do, l'autre fa do, si ces deux mêmes voix chantaient les notes intermediares la, si, do, et fa, sol, la, si, do, il en résulterait deux octaves réels. De même pour la quinte. De là ce nom de caché c'est-à-dire dissimulé par les notes intermédiaires. Ces intervalles sont moins mauvais et ne sont pas défendus aussi rigoureusement que deux quintes ou deux octaves se suivant immédiatement. Mais cependant ils ne sont pas bons.

Le second exemple est encore moins bon que le premier, l'octave cachée se trouvant' entre la première partie ou le chant et la basse; cet octave n'est permis que dans la cadence parfaite encore vaut-il mieux employer le mouvement contraire.

Le mouvement oblique consiste à faire monter ou descendre plusieurs notes ou plusieurs parties des accords, tandis qu'une de ces notes ou quelquefois plusieurs restent en place. Ce mouvement s'emploie surtout lorsque les deux accords contiennent une note commune c'est-à-dire une note faisant partie des deux accords.

Exemple:

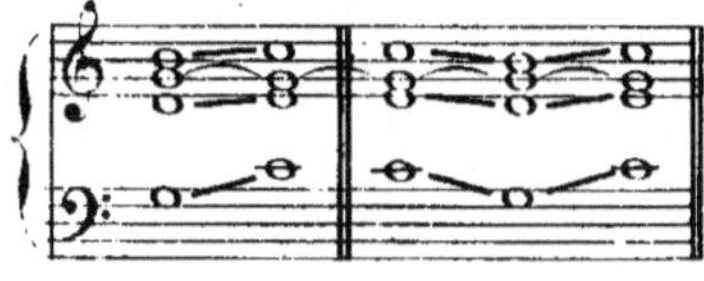

Ce mouvement est meilleur que le précédent et s'emploie fréquemment, mais le mouvement contraire vaut encore mieux.

On entend par mouvement contraire faire monter une ou deux notes de l'accord tandis que les deux autres descendent; on peut également laisser une des notes en place, tandis que les autres montent et descendent.

Exemple:

Le mouvement contraire permet d'éviter les quintes et les octaves. Il donne une harmonie plus complète et plus agréable à l'oreille. Il est donc sans contredit le meilleur des trois mouvements.

Nous avons écrit tous ces exemples dans le mode majeur, ils peuvent également se jouer et s'écrire en mineur en mettant un bémol aux deux notes modales MI et LA.

LEÇONS SUR LES ACCORDS PARFAITS DE LA TONIQUE ET DE LA DOMINANTE.

MODE MINEUR.

MODE MINEUR.

Nous voyons par l'exemple précédent que rien qu'avec ses deux accords fondamentaux il est possible d'écrire une phrase musicale composée de deux membres, dont le premier s'arrête sur le repos à la dominante et le second se termine sur une cadence parfaite ce qui permet de donner a la phrase un sens complet.

Dans l'exemple suivant, au contraire, il est impossible de terminer la phrase d'une manière concluante. La cadence parfaite produite par l'accord parfait de la sous dominante suivi de celui de la tonique ne donnant pas à la phrase un sens complet comme l'accord parfait de la dominante. En voici la cause. L'accord parfait de la dominante contient la note sensible du ton et sa résolution sur la tonique donne un sentiment précis de la tonalité. Avec l'accord de la s͞s dominante c'est incontestablement l'absence de la note sensible qui ne se trouve pas dans cet accord qui donne un sentiment plus vague et moins précis de la tonalité. Aussi l'accord parfait de la sous-dominante tout en étant un des trois accords fondamentaux ne vient-il que le troisieme n'étant en quelque sorte que le complément des deux autres.

LEÇON SUR LES ACCORDS PARFAITS de la TONIQUE et de la S͞s DOMINANTE

MODE MINEUR.

LEÇON SUR LES 3 ACCORDS FONDAMENTAUX

MODE MINEUR.

LEÇON SUR LES 3 ACCORDS FONDAMENTAUX et L'ACCORD de QUINTE DIMINUÉE

L'accord de quinte diminuée est indiqué par ce signe × soit qu'il se trouve à l'état fondamental ou de renversement.

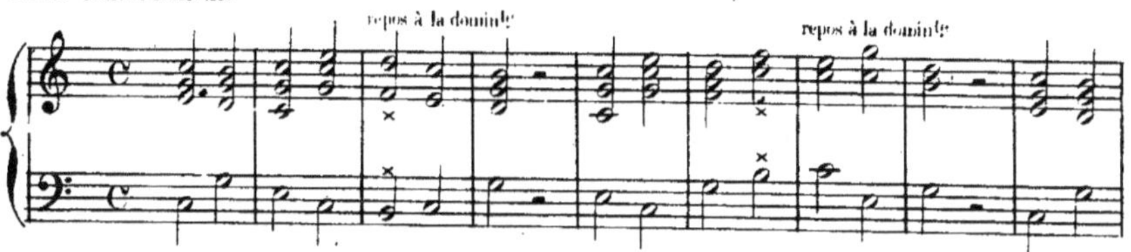

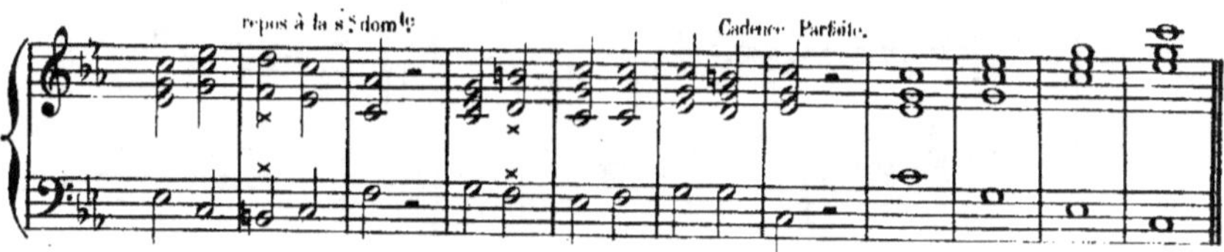

LEÇON SUR LES 3 ACCORDS FONDAMENTAUX,
L'ACCORD DE QUINTE DIMINUÉE ET L'ACCORD PARFAIT SUR LE 2d DEGRÉ DE LA GAMME.

Cet accord du second degré sera indiqué par le même signe que pour l'accord précédent × qu'il soit à l'état fondamental ou de renversement.

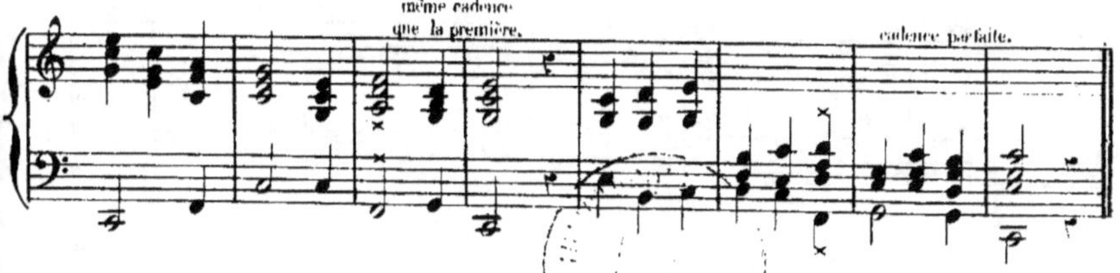

MODE MINEUR.

Dans le mode mineur cet accord du second degré devient un accord de quinte diminuée

ACCORDS PARFAITS PLACÉS SUR LES 2 NOTES MODALES
OU SUR LA TIERCE ET LA SIXTE DE LA GAMME.

Il est possible dans le mode majeur d'harmoniser les deux notes modales de la gamme avec un accord parfait, pour cela il faut que les notes de la basse ne forment pas
une gamme mais il faut qu'elles procèdent par intervalles disjoints comme l' indique
l'exemple afin d'éviter une série continuelle de quintes.

Exemple:

Dans le mode mineur cette harmonie n'est pas bonne surtout sur la première des
deux notes modales cette troisième note du ton mineur formant avec la note sensible
un intervalle de quinte augmentée pour l'éviter il faut ôter la note sensible ce qui sans
être bon peut se faire. L'accord parfait sur la seconde note, modale s'écrit en mineur
comme en majeur. De cette manière nous voyons qu'il est possible d'harmoniser toutes
les notes avec un accord parfait. Mais la véritable manière d'harmoniser les deux notes
modales est a notre avis l'accord de sixte ou premier renversement de l'accord parfait de la tonique pour l'une et le premier renversement de l'accord parfait de la sous dominante pour l'autre ce qui détermine toujours mieux le ton et le mode.

Exemple:

SECONDE PARTIE

Dans cette seconde Partie nous parlerons des accords dissonants de septièmes et de neuvièmes.

En ajoutant une tierce à chacun des accords parfaits on obtient un accord de septième.

L'accord parfait ou fondamental placé sur la tonique ne peut se prêter à cette combinaison en voici la raison.

Les accords de septièmes comme l'accord de quinte diminuée contiennent des notes à mouvement obligé, une de ces notes est la septième de l'accord qui doit toujours descendre d'un demi-ton ou d'un ton suivant le mode.

Exemple:

Septième placée sur la dominante en ajoutant une tierce à l'accord parfait placé sur cette même dominante.

En ajoutant une tierce à l'accord parfait de la tonique on obtient également une septième, mais la note formant la septième se trouvant être la sensible du ton, elle doit monter à la tonique, et ne peut descendre à moins d'être employée dans une marche, ce que nous expliquerons plus loin. De ce mouvement ascendant de la note sensible vient l'impossibilité de placer un accord de septième sur la tonique.

Les accords dissonants de septième et de neuvième sont aux accords consonnants ce que les mesures composées sont aux mesures simples, et ce que les intervalles composés sont aux intervalles simples. Aussi pourrait-on parfaitement donner aux accords consonnants la dénomination d'accords simples et aux accords dissonnants celle d'accords composés cela serait d'autant plus exact que chacun des accords dissonnants est composé de plusieurs accords parfaits.

Les accords de septième se composent de deux accords parfaits et l'accord de neuvième n'est autre chose que la réunion de trois accords parfaits. Les exemples qui suivront nous en donneront la preuve.

Nous commencerons par l'accord de septième dominante appelé ainsi parcequ'il se place sur la dominante. Cet accord est un des plus usité il est aussi important pour déterminer la tonalité que l'accord parfait de la tonique. Il remplace fréquemment l'accord parfait dont il est composé comme nous le verrons dans le premier exemple.

ACCORD DE SEPTIÈME DOMINANTE

Comme nous l'avons dit précédemment en ajoutant une tierce à l'accord parfait de la dominante on obtient un accord de septième cet accord se compose d'une tierce majeure, d'une quinte juste et d'une septième mineure.

Il n'est autre chose que la réunion de l'accord parfait sur la dominante et de l'accord de quinte diminuée placé sur la sensible, il contient les deux mêmes notes à mouvement obligé que ce dernier accord. Il prend le nom de la note sur laquelle il est placé. De là le nom d'accord de septième dominante. Cet accord comme les deux qui le composent ne contenant pas de notes modales est commun au deux modes. Seule, sa résolution sur l'accord parfait détermine le mode majeur ou mineur.

Exemple:

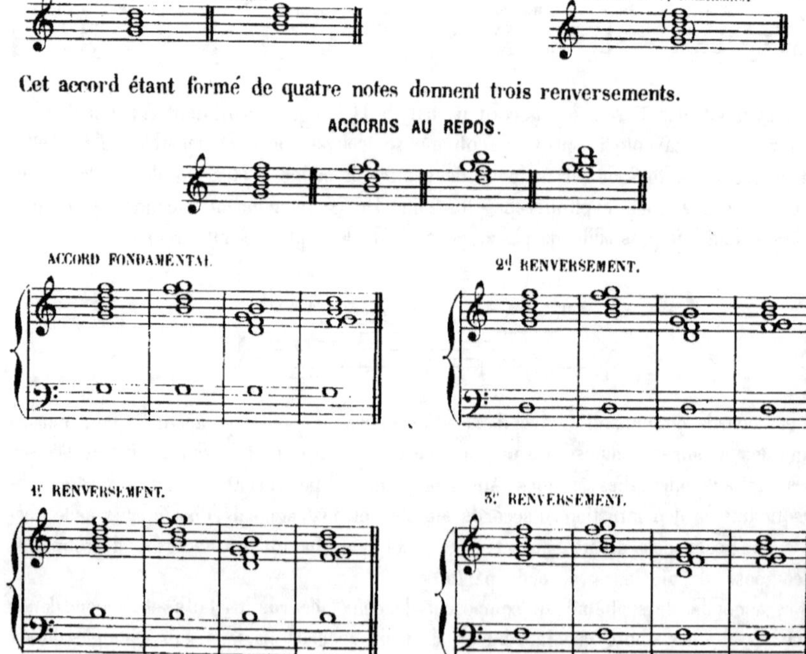

Cet accord étant formé de quatre notes donnent trois renversements.

ACCORDS AU REPOS.

RÉSOLUTION DE L'ACCORD DE SEPTIÈME DOMINANTE
SUR L'ACCORD PARFAIT MAJEUR ou MINEUR.

Les notes de l'accord peuvent se doubler c'est-à-dire être entendues plusieurs fois dans les différentes parties sauf les deux notes à mouvement obligé cela donnerait deux octaves ou deux quintes. Nous avons vu précedemment que ces deux intervalles entendus immédiatement l'un après l'autre sont rigoureusement défendus dans l'harmonie.

Exemple:

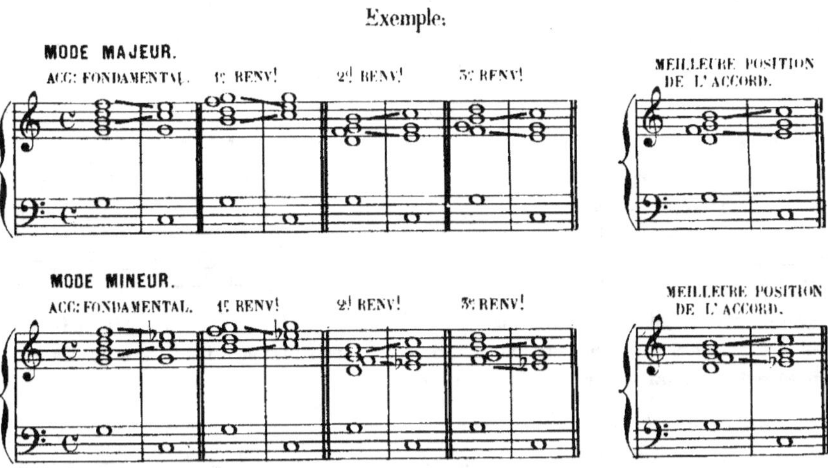

Nous ferons remarquer qu'il est d'usage en ecrivant à quatre parties de retrancher la quinte de l'un des deux accords afin d'écrire correctement en observant les notes à mouvement obligé.

CADENCES PARFAITES.

CADENCE ROMPUE

L'accord de septième dominante permet une autre cadence qu'on appelle la cadence rompue. Dans cette cadence la basse au lieu d'aller de la dominante à la tonique, fait monter la dominante à la sus-dominante, par conséquent l'accord de septième au lieu de se résoudre sur l'accord parfait de la tonique fait sa résolution sur l'accord parfait de la sixième note de la gamme ce qui donne le sentiment du ton relatif de la mineur pour le mode majeur et de la bémol majeur pour le mode mineur. Cette cadence n'est pas concluante, aussi ne l'emploie-t-on qu'au milieu d'un morceau pour passer d'une phrase à une autre. Comme la cadence interrompue ou évitée dont nous avons parlé précédemment. Ces deux cadences ne sont en réalité que des repos momentanés.

comme les repos à la dominante et à la sous-dominante, les deux vraies cadences sont la cadence plagale et la cadence parfaite.

EXEMPLE DE CADENCE ROMPUE.

Nous croyons utile de mettre sous les yeux des élèves le tableau des différents repos des cadences qui sont à la musique ce que la ponctuation est au discours. En les engageant à les transposer dans tous les tons.

Nous voyons par cet exemple que le repos à la dominante est le renversement de la cadence parfaite.

Le renversement de la cadence plagale donne le repos à la sous-dominante qui s'emploie moins souvent que le repos à la dominante.

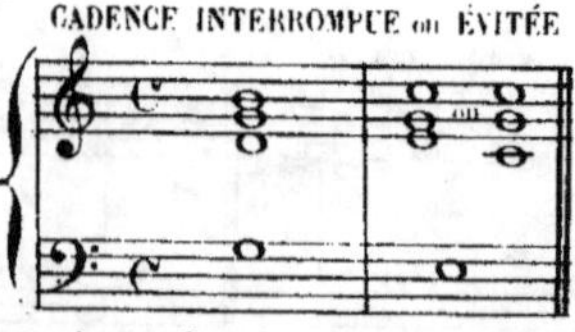

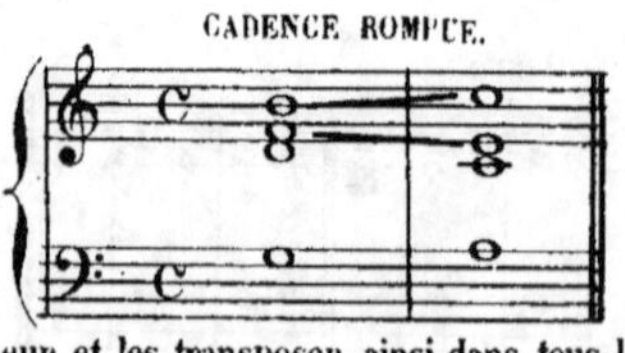

Il faut ajouter les deux notes modales du mode mineur et les transposer ainsi dans tous les tons mineur.

LEÇON SUR L'ACCORD DE 7ᵐᵉ DOMINANTE ET SES RENVERSEMENTS.
MODE MAJEUR.

MODE MINEUR.

Ainsi entendue après la cadence parfaite, la cadence plagale est assez concluante et d'un bon effet. Elles s'emploient cependant plutôt séparément.

ACCORD DE SEPTIÈME SENSIBLE

En ajoutant une tierce à l'accord de quinte diminuée on obtient un accord de septième. Cet accord se compose de tierce mineure, quinte diminuée et septième mineure. Il n'est autre chose que la réunion de l'accord de quinte diminuée et de l'accord parfait sur le second degré de la gamme, il contient les deux notes à mouvement obligé de l'accord de quinte diminuée qui le compose. Il prend le nom de la note sur laquelle il est placé, de là le nom d'accord de septième sensible, la troisième note à mouvement obligé, la septieme de l accord doit descendre d'un ton

Exemple :

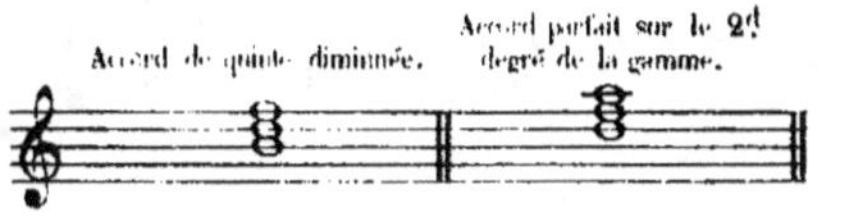

ACCORD AU REPOS.

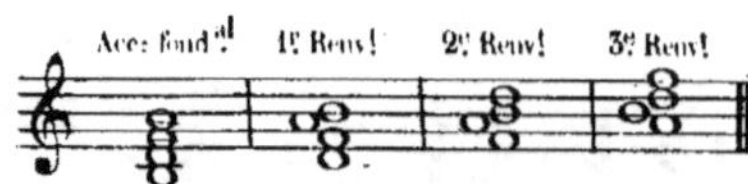

Pour éviter les deux quintes qui résulte de la résolution de cet accord sur l'accord parfait, il est d'usage de le résoudre à trois parties seulement ou bien encore de faire entendre l'accord de septième dominante, comme résolution avant de prendre l'accord parfait ce qui est d'un très bon effet.

Résolution à quatre parties donnant 2 quintes.

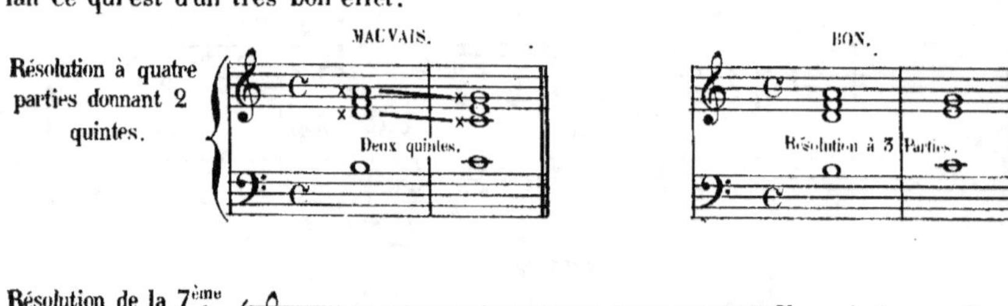

Résolution de la 7ème sensible sur l'accord de 7ème dominante et des deux autres notes à mouvement obligé.

Nous adopterons cette seconde manière qui est la meilleure.

L'exemple précédent nous indique qu'il faut autant que possible conserver à l'accord la position de septième, car en mettant cet intervalle à distance de seconde l'intervalle est en ce cas plus dur. Il faudrait alors préparer la septième c'est-à-dire faire entendre cette note dans l'accord précédent.

«Nous parlerons des notes préparées dans un chapitre spécial du second volume de cet ouvrage traitant des retards et préparations de notes.»

Nous allons cependant donner l'exemple de la 7e préparée, dans l'accord de 7me sensible.

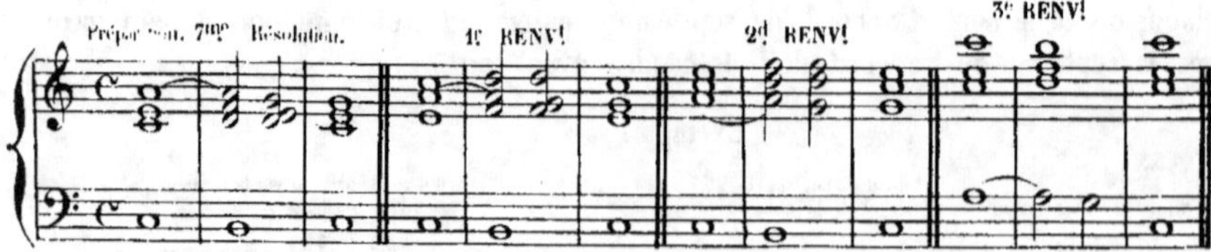

LEÇON pour EMPLOYER L'ACCORD DE 7me SENSIBLE.

ACCORD DE SEPTIÈME DIMINUÉE.

Dans le mode mineur l'accord de septième placé sur la note sensible se com-pose de tierce mineure, quinte diminuee et septième diminuée pour le distinguer de l'accord de septième sensible du mode majeur, il prend le nom de sa septième et s'ap-pelle accord de septième diminuée.

Les observations sont les mêmes que pour l'accord de septième sensible du mode majeur seulement la 7me doit descendre d'un demi-ton.

Cet accord est composé de l'accord de quinte diminuée placé sur la sensible dans les deux modes et de l'accord de quinte diminuée placé sur le second degré du mode mineur.

Exemple :

Résolution de la 7me diminuée sur l'accord de la 7me dominante et des deux autres notes à mouvement obligé sur l'accord parfait.

MEILLEURE MANIÈRE.

ACCORD DE SEPTIÈME DIMINUÉE, PRÉPARATION DE LA SEPTIÈME.

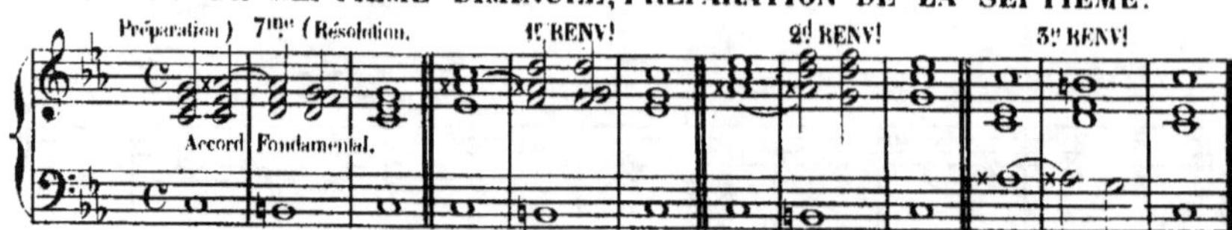

LEÇON sur l'EMPLOI de l'ACCORD DE SEPTIÈME DIMINUÉE

ACCORD DE SEPTIÈME DE SECONDE, MODE MAJEUR

En ajoutant une tierce a l'accord parfait du second degré de la gamme, on obtient un accord de septième qui se compose de tierce mineure, quinte juste septième mineure pour le mode majeur et tierce mineure quinte diminuée et septième mineure dans le mode mineur. Comme l'accord de septième sensible il contient une des notes modales ce qui le fait varier suivant le mode. Il prend son nom du degré sur lequel il est placé.

Il n'est autre chose que la réunion de l'accord parfait sur le second degré de là gamme et de l'accord parfait placé sur la sous-dominante. Il est bon de préparer cet accord il fait sa résolution sur l'accord de septième dominante ou sur le second renversement de l'accord parfait de la tonique.

Exemples:

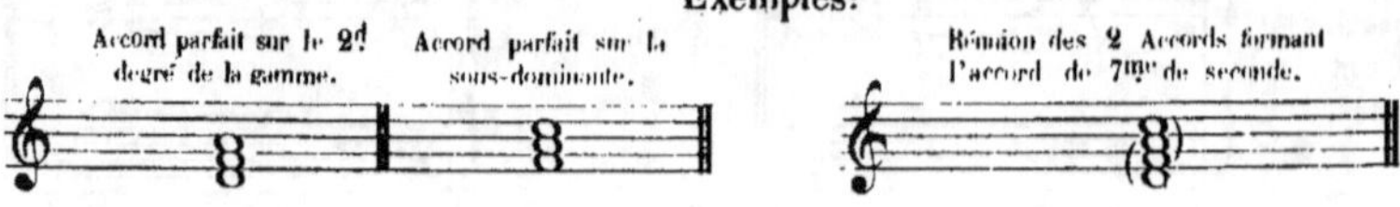

ACCORDS AU REPOS.

PRÉPARATION DE LA SEPTIÈME

LEÇON AVEC L'EMPLOI de la SEPTIÈME de SECONDE.

ACCORD DE SEPTIÈME DE SECONDE. MODE MINEUR.

Cet accord se compose comme nous l'avons déjà dit de tierce mineure, quinte diminuée septième mineure.

Il est composé de l'accord de quinte diminuée du 2.^d degré de la gamme mineure et de
l'accord parfait sur la sous-dominante.

Les remarques sont les mêmes que pour l'accord de 7me de seconde du mode majeur.

ACCORDS AU REPOS.

PRÉPARATION de la SEPTIÈME de SECONDE.

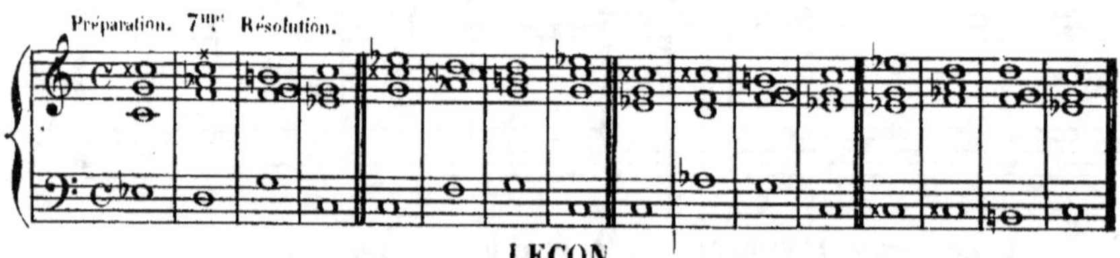

LEÇON
SUR L'EMPLOI de la SEPTIÈME de SECONDE.

ACCORD DE SEPTIÈME PLACÉ sur la S:DOMINANTE.

En ajoutant une tierce à l'accord parfait de la sous-dominante on obtient un accord de septième cet accord se compose de tierce majeure quinte juste septièmema-
jeure pour le mode majeur, pour le mode mineur tierce mineure, quinte juste et septième mineure.

Cet accord s'emploie moins fréquemment que les autres accords de septièmes, et
presque toujours dans une suite de septièmes ou marche de septièmes dont nous
reparlerons au chapitre des marches. Il est composé de la réunion des accords parfaits de la sous-dominante et du sixième degré ou sus dominante de la gamme, la
sus-dominante se trouve être la seconde note modale, l'accord parfait n'étant pas
la véritable harmonie de cette note modale, il est nécessaire de résoudre sur une
autre septième dont le sens est plus complet et détermine mieux la tonalité.

SUITE DE SEPTIÈMES ET CADENCE PARFAITE.

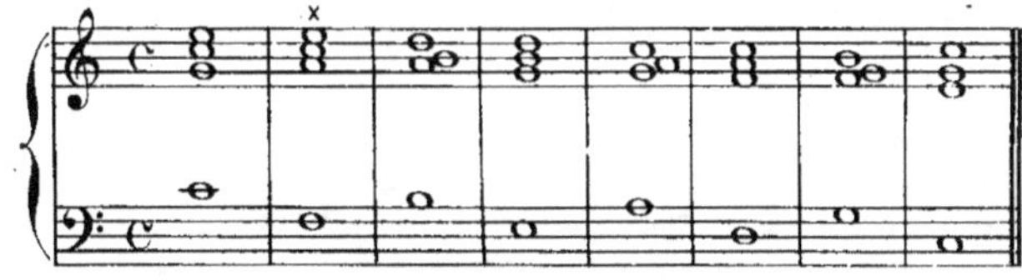

Nous ne ferons pas de cet accord une plus longue étude nous pensons qu'il n'est
pas utile d'écrire pour l'employer une leçon spéciale.

ACCORD DE NEUVIÈME DE DOMINANTE.

L'accord de neuvième dominante se place sur la dominante c'est de cette note que lui vient son nom. Il est formé par la réunion des 2 accords de 7me dominante et de 7me sensible. Il contient les mêmes notes à mouvement obligé et il est soumis aux mêmes régles que ces deux accords la neuvième qui est la troisième note à mouvement obligé doit descendre d'un ton dans le mode majeur. Cet accord se compose de 3^{ce} majeure 5te juste 7me mineure et 9me majeure pour le mode majeur. Comme il contient, une note modale, il varie suivant le mode.

Il ne s'emploie qu'à l'état fondamental, on peut varier la position des accords, mais la dominante doit toujours être à la basse comme note fondamentale de l'accord.

L'exemple précédent démontre que l'accord de 9e dominante est formé de trois accords parfaits sur la dominante, la sensible et le second degré de la gamme, accords dont la 7me dominante et la 7me sensible sont eux mêmes formés.

POSITIONS DE L'ACCORD

Il est bon de préparer la 9ème dominante.

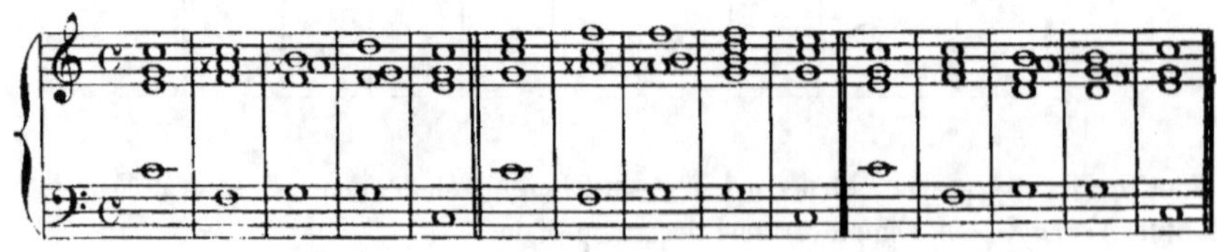

ACCORD DE NEUVIÈME DE DOMINANTE MODE MINEUR

MODE MINEUR.

Cet accord se compose de 3ce majeure. 5te juste 7me mineure et 9me mineure. Il contient les mêmes notes à mouvement obligé que l'accord du mode majeur, mais la 9me doit descendre seulement d'un demi-ton. Toutes les observations sont les mêmes que dans l'accord précédent.

COMPOSITION DE L' ACCORD

POSITIONS DE L' ACCORD.

PRÉPARATION DE L' ACCORD

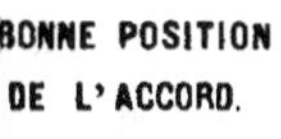
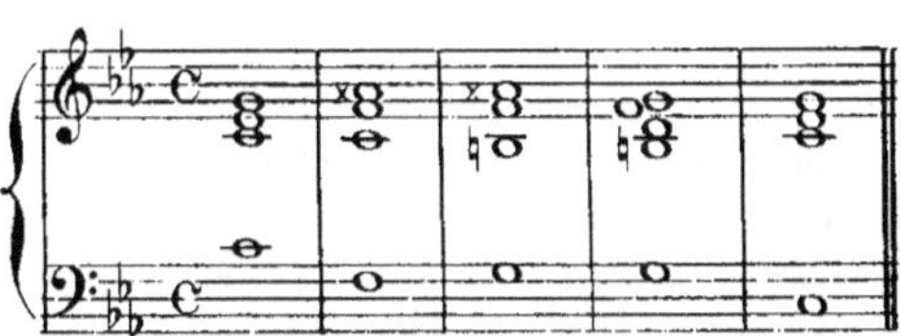

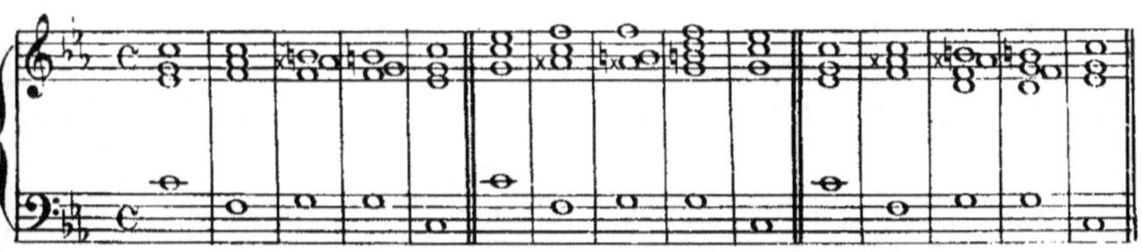

LEÇON sur l'EMPLOI de la 9me de DOMINANTE.

Nous voyons par tous les exemples précédents que les accords composés de septième et de neuvième dérivent des accords parfaits.

Quand nous disons que chaque note peut-être harmonisée avec un accord parfait, cela est vrai, mais en realité les deux notes modales ne peuvent s'harmoniser ainsi que rarement car alors elles ne déterminent plus bien la tonalité et surtout le mode.

Pour conserver leur caractère de notes modales elles doivent toujours rester la 3^{ce} de l'accord parfait de la tonique et la 3^{ce} de l'accord parfait sur la sous-dominante et pour cela elles doivent être harmonisées avec l'accord de sixte, ou premier renversement de chacun de ces deux accords. Il nous reste donc seulement cinq notes formant un accord parfait.

Les 3 notes fondámentales nous donnent les trois accords parfaits fondamentaux la seconde note de la gamme nous donne l'accord parfait que nous appellerons mixte quoique la quinte en soit diminuée dans le mode mineur ce qui le rend dissonant.

Enfin l'accord de quinte diminuée placé sur la note sensible. Cet accord, tout en étant le premier accord dissonant est cependant un accord parfait, ce qui réduit le nombre des accords a cinq dont trois principaux.

De ces cinq accords dérivent tous les autres et toutes les combinaisons contenues dans l'harmonie ou autrement dit dans la musique.

www.ingramcontent.com/pod-product-compliance
Lightning Source LLC
LaVergne TN
LVHW020623180726
843502LV00006B/1837